palavras ao vento

uma atitude política

Eng. Eduardo Ferreira dos Santos

Para o Brasil e aos brasileiros,
com respeito e apreço.

AGRADECIMENTOS

Aos homens e mulheres que semeiam o respeito à dignidade humana,
mesmo que seja em um contexto do poder.
Estas são pessoas muito especiais.

OS CONCEITOS.

Eng. Eduardo Ferreira dos Santos

A DECISÃO

Levanto cedo para caminhar.

As ruas já estão repletas de propagandas de diversos partidos e candidatos aos cargos políticos definidos para esta eleição.

Entretanto, este ano não acompanhei nenhum projeto específico de nenhum partido ou candidato, como tenho feito principalmente na eleição para presidente da república, porque simplesmente nenhum deles conseguiu minha credibilidade.

Mas, a pergunta é :

Será que isto realmente importa ??

Afinal, que país eu quero ??

A CENSURA

Não é a pessoa e nem o meio que são censurados,

mas sim a idéia ...

o pensamento ...

a alma ...

a essência !!

A DEMAGOGIA

A demagogia destrói todos os laços de fidelidade.

E como reconhecê-la:

Ela está naquele que promete mas não faz!

Sorri e nos faz chorar!

Eng. Eduardo Ferreira dos Santos

A PRIORIDADE.

Eng. Eduardo Ferreira dos Santos

O DISCURSO

Você é aclamado o presidente do Brasil.

Em seu primeiro discurso você promete um país onde todos terão oportunidades e a dignidade será sua principal meta.

Nenhum cidadão brasileiro deixará de ter moradia, atendimento médico, água e transporte.

Educação será também uma prioridade e com certeza todos os brasileiros terão orgulho de serem brasileiros.

A reforma tributária será uma questão de honra e todos os casos de corrupção serão apurados doa a quem doer.

Não se deve compactuar com nenhum desvio de conduta.: tolerância zero.

A questão é : você será aplaudido ou vaiado ?

A REUNIÃO MINISTERIAL

Após seu primeiro discurso como presidente do Brasil, sua popularidade aumenta.

As principais pesquisas apontam uma popularidade acima de 85% em todas as regiões do país.

Depois de uma semana de agenda protocolar, você tem uma primeira reunião ministerial e o ministro de planejamento deixa uma posição bem clara:

"- Sr. Presidente, após assumir esta pasta e após uma semana de levantamento e análise com minha equipe de especialistas, tenho que rever minha posição : o país não tem dinheiro !!! "

Afinal, o que você faz ???

OS CEM DIAS

Já se passaram cem dias de sua posse como presidente do Brasil.

A sua popularidade ainda está alta mas já não é mais a mesma.

Todos os índices apontam para uma tendência decrescente.

A única que se mantém estável é na região nordeste.

Entretanto, com a falta de investimentos em infraestrutura e educação nesta região, o futuro não é promissor.

O seu ministro do planejamento tinha razão : não havia dinheiro para investimentos imediatos nas prioridades definidas.

Assim , foram necessárias medidas austeras para diminuir gastos públicos.

Isto gerou um certo mal estar no Congresso.

Você não se sente tão confortável.

Na realidade, suas noites são mal dormidas.

Seus exercícios parecem não fazer efeito.

E sua alimentação precária.

E quanto à família, nestes cem dias, você não se recorda a última vez que os abraçou de verdade e deu boas risadas.

De repente, você ouve uma voz :

"- Sr. Presidente, a inflação continua a subir."

Você sente, novamente, uma palpitação ...

E suas mãos suam.

A DOENÇA

Seis meses já se passaram desde a sua posse como presidente do Brasil.

Suas medidas de contenção de despesas ainda não deram retorno, apesar da inflação estar controlada.

Os investimentos nas prioridades apresentadas em seu primeiro discurso ainda não podem ser feitos.

Entretanto, a sua transparência à população em cada aparição mensal na TV está dando credibilidade às ações tomadas.

Enfim, o Congresso está colocando em pauta a reforma tributária por pressão da própria sociedade através de um manifesto assinado por mais de 1 milhão de pessoas via rede social.

Porém, a sua doença requer maiores cuidados.

Ela não está te dando trégua.

A PRIORIDADE

Após 2 anos de sua posse, com a inflação e as despesas controladas.

Você pode começar investimentos nas prioridades de seu governo como presidente do Brasil.

Em reunião com seu ministério, foi decidido priorizar a pasta da Educação com um projeto para aumento de 5% ao ano no orçamento desta pasta.

Você sabe que isto não é o suficiente, mas entende que se deve plantar esta semente.

Se isto for aprovado, ou pela maioria do congresso ou pela pressão da própria sociedade, você pode considerar como uma mudança encaminhada.

Entretanto, você ouve a voz do ministro de planejamento :

"- Sr. Presidente, o que fazer com as outras pastas de Infraestrutura, Saúde e Segurança ? "

Suas mãos suam novamente e você sente novamente vertigens. Apesar de toda a dedicação, sua e da equipe médica que o acompanha, a doença ainda não está controlada.

O PRESIDENTE(A PRESIDENTA) DA EDUCAÇÃO

Hoje, você está sendo homenageado no Congresso Nacional pelos serviços prestados à Educação no Brasil.

Você é lembrado como o Presidente(Presidenta) da Educação :

O Educador (A Educadora) !!

Após 40 anos de sua posse como Presidente do Brasil, podemos dizer que sua semente gerou bons frutos :

Ao mesmo tempo em que se investia em Educação no país, o IDH crescia proporcionalmente.

Bom ... e a doença ?

Esta, infelizmente, você não venceu.

Descanse em paz.

Eng. Eduardo Ferreira dos Santos

O LEGADO.

Eng. Eduardo Ferreira dos Santos

A VERDADE NUA E CRUA

Vemos as pessoas totalmente desacreditadas em um princípio muito importante para um regime democrático : a verdade.

Aquela verdade que nos faz compreender quando estamos incorretos.

Ou, ainda, aquela verdade onde reconhecemos que estamos sendo injustos, ou até mesmo quando não conseguimos mostrar claramente nossos pensamentos e passamos por mentirosos por não sabermos argumentar de forma consistente.

Assim, estamos caminhando para uma decisão crucial:

Afinal, queremos a verdade nua e crua para o Brasil ?

Para cada um de nós ?

A CONTA

Estamos totalmente absorvidos em um momento único : a transformação.

E transformar significa querer fazer, atitude de querer fazer, estar disposto a querer fazer e chegar no resultado planejado, esperado, tão sonhado por todos.

Somente uma dúvida :

Quem vai pagar a conta e como ?

A TERRA

A Terra,

Torna-me humano.

A generosidade ...

Uma pessoa.

O poder ...

Ah...

Este me torna um carrasco,

Ou será um ditador ??

A RESPONSABILIDADE

Não devemos nos eximir da responsabilidade na

construção de um país onde tenhamos como objetivo

o bem comum,

o bem-estar de todos e

que todos sejam bem- sucedidos.

Devemos acreditar plenamente que a Educação e

o respeito à dignidade humana

devem ser prioridades sempre.

O RESPEITO À DIGNIDADE HUMANA

O respeito à dignidade humana tem como base duas virtudes: a generosidade e a solidariedade.

Não estamos falando de ajuda financeira, mas da atitude de estar disposto a saber ouvir, saber dar espaço, elevar o outro além de seus limites, dar o suporte para o crescimento do outro como profissional e cidadão :

Ser solidário e generoso.

Desta forma, estamos colaborando de forma integral para a capacitação de uma pessoa: tanto tecnicamente como emocionalmente.

A questão é : estamos preparados para esta atitude?

Tanto a generosidade como a solidariedade

sobreviverão à competitividade?

Ao instinto de sobrevivência?

O SOPRO DE LIBERDADE

Para nos sentirmos livres,

Totalmente libertos de nossos limites,

Que recebemos por hereditariedade

Ou por nossas próprias experiências vivenciais,

Temos que reconhecer, que sem esses limites,

O próprio propósito,

Sonho de se sentir livre não existiria,

Seria um mero momento de prazer.

Somente um prazer e não mais que um prazer.

Seria efêmero como um sopro de liberdade,

Que dura por apenas alguns poucos segundos.

O DEBATE (OU SERIA COMBATE ??)

A palavra debate significa que um ou vários temas de interesse comum devem ser colocados em pauta e discutidos para que os mesmos sejam clarificados a todos.

Portanto, se o debate é sobre a construção de um país, por exemplo Brasil, imaginamos temas como : saúde, educação, saneamento básico, infraestrutura e, principalmente, o respeito à dignidade humana através da legislação.

No entanto, a palavra combate (vejam que a única diferença é a primeira sílaba, onde trocamos o de para com) significa que dois opositores estão preparados para lutar e, desta luta, sairá um vencedor doa a quem doer.

Não existem temas para serem clarificados. Existem, sim, técnicas para minar as forças adversárias e no momento certo massacrar sem qualquer piedade.

Então surge uma questão : os candidatos à presidência da república de um país devem debater ou combater ??

Somente um comentário: a gentileza, mesmo que na política, sempre deve partir do homem para com a mulher.

Eng. Eduardo Ferreira dos Santos

Independente do sistema adotado para o funcionamento de uma

sociedade, as pessoas,

juntamente com o respeito à dignidade humana,

devem ser o bem maior ...

a prioridade ...

o valor do bem viver.

Eng. Eduardo Ferreira dos Santos

Eng. Eduardo Ferreira dos Santos

www.ingramcontent.com/pod-product-compliance
Lightning Source LLC
Chambersburg PA
CBHW030551290526
45786CB00004B/1962